EL GRITO EN EL CIELO

BAJO EL PATROCINIO DE

SARAH GIRRI
Y JORGE GALLARDO

BUENOS AIRES

Enrique Solinas

EL GRITO EN EL CIELO

COLECCIÓN LA CRUZ DEL SUR   •   EDITORIAL PRE-TEXTOS

MADRID   •   BUENOS AIRES   •   VALENCIA   •   2025

Escribir

*para contar
nuestra
historia,
nuestra
voluntad
de verdad;*

escribir

*para
ahuyentar
el miedo,
para acortar
las distancias;*

escribir

*para
reconstruir
el mundo
conocido;*

escribir

*para
curar la herida
y repararme.*

Es posible
que en un rato llueva
porque el olor
a tierra mojada
invade el aire

y a lo lejos
el eco de un trueno
se escucha,

como si se tratase
de los pasos
que nos llevan
hacia el porvenir.

Este instante
se ha repetido
tantas veces
a lo largo
de la historia,

de manera
distinta y distante,

porque no somos
los que fuimos
cada vez,

y cada uno
de nosotros,

volvemos
a escribirnos.

¿Qué música, qué poema,
qué idea, qué concepto,

surgirá de este instante
de penumbra,

donde todo es propicio
para nuestra
desaparición?

Suena un tambor lejano
con su ritmo creciente.

(Aquí todo es tristeza).

Crece cada vez más
el corazón del trueno.

Ya no hay tiempo
para explicar,

es hora de partir.

Ya no es tiempo
de hablar,

la lluvia
ha comenzado.

ANOCHE
tuve un sueño.

Sin saber adónde ir,
desperté en medio

de la soledad.

NADIE hubiera pensado
en lo que iba a suceder.

Los autos
atravesaban
la ciudad
y los caballos

recorrían
el corazón del tiempo.

Esa mañana,
nadie hubiera pensado
en lo que iba a suceder.

El gorro
con cabeza de perro,
nuestro constante
abrazo,
el cuadro del amigo,
las fotos y las risas,
luego

una siesta
y la noche que llega
con su boca feroz,

y la salvaje tormenta
del silencio,
que lo arrebata todo.

Porque esa mañana
–nadie hubiera pensado
en lo que iba a suceder
más tarde–

aconteció
la alegría
del desconocimiento.

Porque esa mañana
fue la última
mañana del mundo.

Luego comenzó
tu muerte,

la pesadilla
del fin de los tiempos

que no tiene fin.

ESTA es la hora
en que el tiempo

se detiene

como tus ojos,

cuando nos miramos
por última vez.

Esta es la hora

de la esperanza
y del desierto.

Adiós
a tu regreso,

bienaventurado
tu partir.

Somos

tan sólo reflejos

del espejo total

que es

nuestro miedo.

) 14 (

FUEGO y flores,

esto es
lo que soñé.

Un campo
de amapolas
en llamas.

Era tu cuerpo
ofrecido a mí,
como una salvación.

EL sol cuando asoma
es espléndido,

revela
todo lo conocido,

y oculta
mi interioridad.

Han muerto
las palabras,

ahora

son el alma
de lo que ya
no está,

el recuerdo
de esta memoria
del olvido.

Entre estas cosas
y otras,

se debate
mi pensamiento,

en la mañana

de este
domingo mudo.

Y existo
en la esperanza
de lo que vendrá,

Y existo
en la tristeza

simple

de lo que ya
se ha ido.

LA soledad elegida
es buena compañera,

dijiste.

Estoy solo en mi sueño
y estoy contigo.

MIRA mi corazón,
se ha vuelto noche
en medio del incendio.

Quiere beber la vida,

quiere latir
como pájaro en vuelo.

Pero lo cierto es

que estoy dentro de mí,
que todo

es lejos
y es tarde.

Pero lo cierto es

que ya nadie
mira

el corazón

dispuesto

de quien ama.

EN la quietud de este día
algo pasará fugaz.

Soy duro
como el corazón del bosque
y frágil,
como una bomba de cristal.

Ahora,
escucha el silencio,
pasará su desvanecerse
en el aire,
pasará
el temor de estar vivo,
          pasará
el resplandor del mundo.

Escucha:
en el momento exacto
siempre, siempre,

algo ha de llegar
y algo ha de partir,

para que todo sea.

TOMEMOS una copa,
acerquémonos,
contesté.

Te dije al oído:

¿Dónde estuviste
todo este tiempo

en que
te deseé tanto,

tanto?

SENTIR que me deshojo
como las hojas
del último libro
que leí,

como un adjetivo
que se desvanece
en medio de la lluvia,

o se transforma
en el humo
de tu incendio.

Estoy

en la selva
de las palabras,

a merced de
voces hostiles,

que irrumpen
como un rayo de luz

y profanan
la oscuridad.

Sentir

que fluyo
como un río,

que soy un río
y que la sangre
corre,

y me demuestra
que nací para vivir

en la tristeza
del adiós,

en el recuerdo.

Sentir

que me voy
cada vez,

que persigo

el silencio
de tu voz,

arrojada
hasta el cielo.

Sentir
tu grito

en medio
de la noche;

saber,
saber que nunca más

volveré
a encontrarte.

INTEMPERIE

DETRÁS de un vidrio
dije
        Adiós,
                dije:
adónde ir,
adónde guarecerme.

El viento arranca
de raíz la memoria
y estoy desnudo,
como una verdad.

He perdido,

me perdí
en el momento
en que dije

Soy
esto que soy,

y no ser nada,

salvo

una doble negación,
en un lugar ausente.

Sin saber
adónde ir,

sin esperar
nada
de nadie,

sin tristeza
ni consuelo,

así existo.

Sólo me mantiene
vivo

la esperanza
constante

de encontrarte
de nuevo

y abrazarte

una última vez.

SIEMPRE estuve aquí
–dijiste–,
pero no me podías ver.

Mientras,

tu boca
en mis labios,

como la luz
sobre la oscuridad.

DESINTEGRACIÓN

LOS hechos pasan
sin que puedas evitar
el suceso.

El suceso.

El gran suceso.

En un abrir y cerrar
de ojos,

pasa el futuro
que no sucederá,

pasa tu abrazo,

pasa la teoría
sobre el origen de Dios.

Pasa el viento
de la muerte,

su delicada voz
que todo
lo transforma.

Pasa la oscuridad
y entonces,

se desvanece
esta mañana de sol;

se desvanece
nuestro abrazo;

se desvanece el tiempo,
el miedo,
la distancia;

se desvanece el mundo

tal,

como lo habíamos
conocido.

CON esta voz,

como un pájaro
que se estrella
contra el cielo,

escribo
tu adiós;

escribo

lo que
vendrá.

TRANSFORMACIÓN

AQUELLAS cosas,
terribles y espléndidas,
han tenido
su razón de ser.

Mi cuerpo,
partido y
recuperado,
soportó

toda el agua del mundo,
todo el fuego del mar.

Pasen y vean,
encontrarán
lo que resta:

esta es mi casa,

este es mi corazón
en soledad.

Yo vi la muerte,

la muerte vi la muerte,
la muerte vi la muerte,

vi la muerte a los ojos.

Y desde entonces
todo se fue
desvaneciendo.

Y desde entonces,

sólo desde entonces,

he dejado
de ser

el que he sido.

ME preguntaste
qué estaba haciendo
ahora.

te contesté:
sueño y escribo.

Sueño
campos en llamas.

Escribo este libro
sobre nosotros.

PRESENTE

DESDE que ya no estás,
amigo mío,
el mundo se ha vuelto
demasiado extraño.

Quién hubiera imaginado
tu partida.

Quién hubiera dicho
que el silencio

iba a sellar
tu decir.

Yo prefiero pensar
que tu alma
está aquí,

como una estrella
invisible
que guía mi camino,

en medio
de la noche oscura.

Yo prefiero pensar

que no te has ido

con tu maleta
de muerte y alegría.

Nunca vendrás
porque siempre
estarás presente.

Nunca te irás
de aquí,
porque siempre
estarás conmigo.

DIME que no soy yo
el que anda
al margen de la noche
con los ojos en blanco.

Que no soy yo
el que presiente
lo que no sucederá.

En cada palabra
hay una tumba para mí,
en cada bosque luminoso,

donde los caballos del miedo
cabalgan las navajas
de la soledad.

Entonces dime,
dime la verdad:

que yo
ya no soy yo

y que este
    es
mi canto.

No quiero
que termine
este sueño.

Soy el campo
de amapolas
en fuego;

soy
la antorcha
que inició
el incendio.

DECIR adiós
es estar
lejos de todo.

Contemplo
la caída lenta
de lo que se va,
la tristeza
de lo que muere.

Te vas de aquí,
pero te quedas,
como un perfume
de infancia
que estamos
obligados
a recordar.

Te vas de aquí,
pero te quedas.

Tu cuerpo
es mi herida,

y tu alma es
ese instante fugaz,
cuando todo
duele o calla.

DESPEDIDA

DESDE estos ojos
veo caer
el agua del deshielo,
bajo mis pies.

Las palabras se acaban,
como las palabras
acabo.

Todo se ha dicho
en el silencio
de esta tarde.

Mis pies
se mueven
y corro
como el agua
del deshielo.

Poco a poco, el invierno
se aparta y da lugar
al futuro,
para luego
volver a empezar.

Mientras tanto,
cada quien
conversa
con sus muertos

sobre lo que fue
y lo que será,
antes de que
la memoria
desaparezca
con el viento.

Corre el agua
del deshielo
bajo mis pies

y te dejo ir,
amor mío,
que me hiciste
tan feliz
con tu vida
y tan oscuro
con tu muerte.

ESCRIBIR

para soltar
el pasado,

para alcanzar
el futuro;

escribir

para
unir
el cuerpo
dolorido;

escribir

para
que mis
palabras
lleguen
al cielo;

escribir

la poesía
como forma
de plegaria.

ÍNDICE

ACABOSE DE IMPRIMIR ESTE LIBRO

EL 7 DE FEBRERO DE 2025

Primera edición: febrero de 2025

© ENRIQUE SOLINAS, 2025

© DE LA PRESENTE EDICIÓN: PRE-TEXTOS, 2025

LUIS SANTÁNGEL, 10
46005 VALENCIA
WWW.PRE-TEXTOS.COM

IMPRESO EN ESPAÑA
ISBN: 978-84-10309-42-5 • DEPÓSITO LEGAL: V-402-2025

DISEÑO DE LA COLECCIÓN: ANDRÉS TRAPIELLO Y ALFONSO MELÉNDEZ
AL CUIDADO DE LA EDICIÓN: MANUEL RAMÍREZ

Viñeta: Máscara de teatro, fresco romano (Casa del Bracciale d'Oro, Pompeya)

Impreso en Safekat S.L.